Together 042

# My Reading Box從讀到寫
## 溫美玉的12堂讀寫趴

作者｜溫美玉、魏瑛娟
插畫｜葉祐嘉、蔡其典、林芷蔚、草棉谷、蜜可魯、
賴馬、童嘉、呂淑恂、李小逸、黃士銘 ( 依照文本順序排列 )

責任編輯｜陳婕瑜
美術設計｜蕭雅慧、曾宇琴
封面設計｜陳珮甄
行銷企劃｜高嘉吟

天下雜誌群創辦人｜殷允芃 董事長兼執行長｜何琦瑜
兒童產品事業群
副總經理｜林彥傑 研發總監｜黃雅妮
版權專員｜黃微真、何晨瑋
出版者｜親子天下股份有限公司
地址｜台北市 104 建國北路一段 96 號 4 樓
電話｜ (02) 2509-2800　傳真｜ (02) 2509-2462
網址｜ www.parenting.com.tw

讀者服務專線｜ (02) 2662-0332　週一 ～ 週五：09:00~17:30
傳真｜ (02) 2662-6048　客服信箱｜ bill@cw.com.tw
法律顧問｜台英國際商務法律事務所‧羅明通律師
製版印刷｜中原造像股份有限公司

出版日期｜ 2022 年 11 月第一版第一次印行
定價｜ 879 元
書號｜ BKKTA042P
ISBN ｜ 978-626-305-345-8 （平裝）

訂購服務
親子天下 Shopping ｜ shopping.parenting.com.tw
海外 ‧ 大量訂購｜ parenting@service.cw.com.tw
書香花園｜台北市建國北路二段 6 巷 11 號　電話 (02) 2506-1635
劃撥帳號｜ 50331356　親子天下股份有限公司

國家圖書館出版品預行編目 (CIP) 資料

My Reading Box從讀到寫 溫美玉的12堂讀寫趴
/溫美玉, 魏瑛娟文. -- 臺北市 : 親子天下股份有限公司,
2022.11

面 ; 17x23公分

ISBN 978-626-305-345-8(平裝)

1.CST: 親職教育 2.CST: 初等教育 3.CST: 閱讀指導

528.2　　　　　　　　　　111016103

立即購買 >

# 12堂 溫美玉的 讀寫趴

溫美玉、魏瑛娟 ——— 著

# Content

　　根據《親子天下》的調查顯示，超過五成的中小學生，不喜歡或非常不喜歡寫作文，從小學到大學，寫作已成為家長和孩子普遍認為的「關鍵難題」。然而，當孩子處於3c盛行的世代，讀寫能力卻更形重要，因為讀寫是許多學習的基礎。

　　美國學界普遍認為，小學三年級是讀寫能力重要的起始點，也是孩子發展讀寫力的關鍵時刻，需要小心照護初萌芽的「讀寫欲」（literacy desiring）。在這個關鍵時期，我們要陪伴孩子完成兩個重要的任務：

　　**一、打破閱讀之壁，發展閱讀理解能力**：中年級的孩子正處於「學習閱讀」（Learn to Read）跨到「透過閱讀學習」（Read to Learn)的轉換期，此時除了運用「橋梁書」幫助孩子從以圖為主的敘事，轉型為以文字為主的敘事文本外，還需要透過有策略的閱讀技巧，來發展「閱讀理解能力」，使其真正掌握文本意涵，為往後的長文閱讀做準備。

　　**二、培養從「輸入」到「輸出」的能力**：在108課綱的語文領域中，低年級的寫作重點在於「寫出語意完整的句子、主題明確的段落」；中年級則為「書寫記敘、應用、說明事物的作品」。低中年級正處於邁入運用知識學習與詮釋人生的時刻，在「輸入」各種文本後，如何將腦中各式的想像順利地「輸出」？許多讀寫研究指出，寫作可以透過具體的方法、步驟而習得，全台最大專業教學社群「溫老師備課Party」創辦人溫美玉老師則認為，「指導式閱讀寫作」是最佳解方。

　　溫老師認為，孩子學語文最好的起始點就是「讀故事」。故事中提供的養分，就像蓋房子時打的地基，不僅讓房子可以順利蓋起，穩固的基礎還能讓人安心住下。為此，溫老師特別為低中年級（二到四年級）的孩子和家長量身打造一套有效的「指導式閱讀寫作計畫」-「My Reading Box從讀到寫 溫美玉的12堂讀寫趴」，讓孩子在有策略、有系統的文本分析，以及腦力激盪和討論的歷程中，為閱讀理解和創意寫作「打地基」。

此計畫（經典組）提供親子為期半年，12本精選橋梁書、12支溫老師親自示範的教學影片、家長指導本、孩子學習本，以及不定期的線上線下活動，順應低中年級孩子的階段特質，給予適切且有趣的課程設計與指導。此計畫以三大主題為核心發展：「經典故事」、「冒險遊記」、「生活記事」，以三步驟：「閱讀策略讀故事」、「思辨評論寫心得／寫作技巧練習」、「延伸故事來寫作」，從掌握故事脈絡、理解文意，到在思辨中發展個人觀點，最後透過寫作技巧的引導，完成獨具個人特色的實戰寫作。整體計畫由易而難，讓孩子進行有層次的學習，您可以依照孩子的能力自由安排讀寫任務。

在此計畫中，溫老師特地為了有心參與孩子學習的家長們設計了該本詳細的指導手冊，透過清楚的活動說明，讓您有計畫、有步驟的協助孩子運用學習本完成各項讀寫任務。您也可以善用此計畫中所提供的影音課程，成為最佳陪伴者，引導孩子有效率的完成。

誠摯地邀請您與孩子一同共享這個讀寫計畫，為孩子在關鍵期建構良好的地基，讓讀寫力不再是各項學習的絆腳石，而能在學習裡展翅高飛。

## 使用說明

此手冊透過「載明學習本配合頁數」與「操作小幫手」，提供家長清楚的學習本使用指引，輕鬆帶領孩子操作學習本內的讀寫活動。

**1** 在進入每本書的讀寫活動之前，家長可以先透過書籍摘要，快速確認這次故事的內容特色。

**2** 接著，進入「閱讀策略讀故事」、「思辨評論寫心得／寫作技巧練習」、「延伸故事來寫作」等三大PART的讀寫策略學習。
操作活動之前，請先仔細閱讀每個策略的概念與學習目的，適時進行親子共讀與討論。

**3** 「操作小幫手」的開頭處會載明此活動配合的學習本頁數，請家長運用「操作小幫手」的內文指引，協助孩子完成該頁學習本活動。

\*您可以參考後扉頁的「學習重點總表」中標示的難易度，安排孩子的讀寫任務，從簡單到困難，分別是一顆星到三顆星。

MY Reading Box從讀到寫 溫美玉的12堂讀寫課

1

 一個傻蛋
賣香屁

## 一個傻蛋賣香屁

文／顏志豪　圖／葉祐嘉

有兩兄弟，哥哥叫賈聰明，弟弟叫賈傻蛋。賈傻蛋個性憨厚，而哥哥賈聰明成天只想著如何偷懶，指揮弟弟做事。父親臨終前曾交待賈聰明，要好好照顧弟弟。然而父親走後沒多久，賈傻蛋就被哥哥和嫂嫂趕出家門，陪伴他的是一隻流浪狗來福。還好來福「狗」如其名，為傻蛋帶來了好運氣。然而，賈聰明因忌妒傻蛋，一次又一次暗中破壞傻蛋的好事，傻蛋能克服困境，再創人生新高峰嗎？

## PART 1 閱讀策略讀故事

### 一、用「故事六要素」概覽故事

　　首先，我們先進行第一遍閱讀，我們要利用「故事六要素」拆解故事。溫老師採用的故事六要素，是從坎伯（Joseph　Campbell）的「英雄旅程」轉換而來，非常適合用來分析故事內容，分別有：目標、阻礙、嘗試、意外、轉折、結局。小朋友可以從拆解的過程掌握故事大意，快速讀懂故事內容，例如：瞄準主角的「目標」，

觀察過程中有什麼「阻礙」？他會「嘗試」解決嗎？有發生什麼意想不到的「意外」嗎？接著，老天會眷顧主角，讓事件有「轉折」嗎？最終，主角的「結局」是圓滿還是不幸呢？

　　藉此觀察作者說故事的手法以及邏輯，如何透過主角的遭遇循序推進故事，如同為氣球注入張力，讓情節逐漸緊繃，故事也隨之進入高潮。一邊讀一邊揣測：「氣球最後會爆炸嗎？」，進而更專注情節發展。

### 以《一個傻蛋賣香屁》為例，故事的六要素分別是：

 **目標**　父親過世，傻蛋希望遵從父親的遺願，與哥哥互相照顧。

 **阻礙**　傻蛋被兄嫂趕出家門，還好有來福幫助，讓傻蛋成功務農為生。

 **嘗試**　來福被買聰明殺害，幻化成五色鳥，用好話為菜攤招攬客人。

 **意外**　五色鳥被殺，傻蛋將牠葬在樹下，樹上便開始長出梨子，吃了還能放出香屁。

 **轉折**　傻蛋因香屁被國王賞識，買聰明也想效仿卻放出臭屁，最後被關進大牢。

 **結局**　傻蛋試圖替買聰明求情，拉胡琴為國王助眠，最後成功救出買聰明，兩兄弟從此和樂相處。

## 二、用「主角情緒」精讀故事

　　第二次閱讀，我們要利用可操作的工具，帶孩子練習探索故事主角的情感與價值，從而發現自己和主角的異同。

**操作小幫手**

### 配合學習本第4頁

　　請翻開學習本第4頁，並參考附件「溫老師五卡板」上的情緒語詞，與孩子討論傻蛋在每個事件中可能會有什麼樣的情緒轉折？完成「傻蛋情緒」填空。

　　本題以曲線圖的形式呈現，引導孩子辨識主角的情緒起伏，家長可以對照「溫老師五卡板」中的正向(粉色)與負向(藍色)情緒語詞與孩子進行討論。例如：「父親過世，傻蛋希望遵從父親的遺願，與哥哥互相照顧。」這一段，曲線從藍色方塊，往上爬升到粉色圓點，可以推測出傻蛋在這個事件中的情緒，可能是從負向情緒「難過」轉為正向情緒「平靜」。

　　特別提醒家長，由於低年級的孩子不見得能全面理解抽象的情緒語詞，因此，家長可以適時提供協助解釋，或舉例說明。

## 三、用「主角性格」分析故事

　　分析完傻蛋的情緒後，第三遍閱讀，我們要從性格著手，探討主角在各事件中展現出的性格。提醒家長，情緒和性格的判斷並沒有標準答案，上述兩個活動的目的，是讓孩子藉著語詞的來回搜索，練習各種情緒語詞的用法，並將人物的好性格潛移默化，形成自己的品格價值。

### 操作小幫手

**配合學習本第4頁**

　　請翻開學習本第4頁，並參考附件「溫老師五卡板」上的性格語詞，和孩子一起分析傻蛋在這些事件中呈現出哪些性格？完成「傻蛋性格」填空。

　　例如：「五色鳥被殺，傻蛋將牠葬在樹下，樹上便開始長出梨子，吃了還能放出香屁。」這一段，可以看到傻蛋一路走來雖然遇到許多磨難，但他還是勇敢面對這些不幸，用爸爸說過的話來安慰自己，思考如何調整步伐，最後收起悲傷的情緒，重新出發，過程中，傻蛋表現出了善良、勇敢的正向性格。

### 一、傻蛋的成功哲學

　　經歷過PART1的活動，孩子已經學會運用故事六要素拆解和分析一個故事，進而掌握故事脈絡。在讀懂故事之後，接著我們要開始運用故事中的各個事件來練習思辨。

　　被稱做「日本經營之聖」的稻盛和夫，回顧他自身經驗歸納出三個成功的要素，分別是：

1.**磨練身心**：雖然在人生低谷，仍堅守內心光明，並從中得到心志與靈魂的提升。

2.**利他感恩**：成就他人能為自己帶來幸福和充實感；心懷感恩會在無形中釋放善意，吸引到更多的幫助。

3.**絕不放棄**：面對苦難也不氣餒，甚至將考驗化作「機會」。

　　稻盛和夫認為，這三項是生活幸福的關鍵，也是做事、做人和經營企業成功的祕訣。

配合學習本第5頁 ✐

　　本活動要讓孩子試著練習思辨，從故事六要素中的事件出發，想一想它們分別符合稻盛和夫成功心法「磨練身心」、「利他感恩」、「絕不放棄」中的哪一項，讓孩子產出對事件的看法，以形成自己的觀點。活動步驟如下：

**STEP 1** 請孩子再次閱讀故事，判斷傻蛋在各事件中的作為符合哪一項精神？並將學習本附件中的「必勝貼紙」貼到書中相應的段落旁，如同為內文加上眉批。

**STEP 2** 翻開學習本第5頁，對應故事六要素的摘要內容，完成該段落「必勝絕招」的答案勾選。

## 二、思辨心得寫一寫

　　緊接著，我們要練習將這些思辨的結果彙整成心得。然而面對空白的稿紙，孩子往往不知道該如何開頭，因此我們設計了「評論鷹架」，藉由特定的句型，將前幾個環節閱讀過的情緒、性格、成功要素融合在一起，幫助孩子嫁接思緒，產出自己的思辨心得。

**操作小幫手**

**配合學習本第5頁**

　　請翻開學習本第5頁，利用評論鷹架完成「思辨心得」填空，如：

　　我在書中第 36~37 頁發現傻蛋使用了必勝絕招第一招「磨練身心」。從 傻蛋認真工作，用心除草 這件事情，我知道傻蛋已經學會要怎麼面對難過了。我也在書中第 49 頁找到了傻蛋的必勝絕招第二招「利他感恩」，這件事情是 好話鳥死後，傻蛋仍對每個客人獻上祝福，從這件事，我知道不管哥哥怎麼對待他，他總是心存善念，並且感激上天給他的機會。

　　我從書中第 74-75 頁找到了傻蛋的必勝絕招第三招「絕不放棄」，這件事情是 賈聰明被關進大牢後，傻蛋不斷思考怎麼向皇上求情，我知道傻蛋就算遇到困難也絕對不會放棄。從以上三件事，我推論傻蛋是個 樂觀 又 善良 的人。

**傻蛋必勝絕招**

　　經過前面的步驟，孩子已經掌握故事脈絡，理解文意，讀懂文章，也從思辨中得到自己的觀點，接著我們就要試著透過寫作技巧的引導，讓孩子慢慢將這段閱讀歷程寫出來。由於這個階段的孩子寫作能力尚未萌芽，加上每個孩子的發展速度各有不同，家長可以針對孩子的狀況，運用以下兩種方式協助完成練習：

1.**口語引導**：由大人動筆記錄下孩子說的話。接著，整理成順暢的文字，再帶著他們念一遍。

2.**實際寫作**：讓孩子依循學習本第6頁上的提示語，獨立完成寫作，寫完之後，可以請孩子再念一念自己寫的文章。

　　要特別留意的是，這個階段的孩子還未真正有能力獨自完成一篇完整的文章寫作，所以只要他願意踏出第一步，我們都要給予鼓勵，千萬不要在字跡或美詞佳句上耗費太多時間糾正，因為此時最重要的是先讓孩子愛上寫作。

配合學習本第6頁

　　請翻開學習本第6頁，此處我們一樣提供有「鷹架」的填空題型，孩子只要跟著提示語的脈絡，回想故事情節，分享個人經驗，就可以完成一篇小短文，如：

　　讀完這本書，我覺得傻蛋其實不傻而是很聰明的。因為當＿＿曾蕪晴＿＿把他和來福趕出去時，傻蛋不會抱怨哥哥搶了全部的財產，也不會責怪爸爸不公平，而是和來福一起尋找新家，種田賣菜。來福變成五色鳥以後，傻蛋和五色鳥一起到市場，說好話逗客人開心，讓菜攤的生意再次興隆。這讓我發現，傻蛋遇到困難的時候，他不會＿輕易放棄＿，而是每次都想出辦法來解決。

　　可是，傻蛋的哥哥賈聰明就不一樣了，可以看出他的性格是＿驕傲＿和＿貪心＿的。賈聰明看到傻蛋成功時，他心裡一定想著：「＿傻蛋那麼傻，怎麼可能賺的比我還多？＿」於是他也學傻蛋賣香屁，可是因為他不懂得利他感恩，上天根本不願意幫助他，所以他就失敗了。

　　我有一個學習＿＿游泳＿＿的經驗。過程和傻蛋一樣都遇到了困難，一直學不會。那時候，我的心情很沮喪，後來我（繼續努力／決定放棄），現在＿已經可以

<u>自己游一趟了</u>。傻蛋的故事讓我知道，下次在面對困難的事情時，要 <u>勇敢</u> 性格 ，還要 <u>善良</u> 性格 ，這樣成功才會一直跟隨著你。

note

MY Reading Box從讀到寫 溫美玉的12堂閱寫課

2

 狐狸金杯

## 狐狸金杯

文／謝武彰　圖／蔡其典

本書改編自清朝《聊齋誌異》的故事，遺失的金杯，串起狐狸與人類之間的一段傳奇互動，穿越現實之餘，也考驗著人性底層幽微的黑暗面。

歷城裡有處荒廢的大宅院，氣氛陰森詭異，白天也沒人敢進去。有一天，膽識過人的殷士儋和幾位讀書人談天，有人開玩笑說，誰敢到大宅院裡住上一晚，大家就請他一桌上好的酒席，殷士儋因此自告奮勇前往。沒想到這一去，遇上了令人料想不到的事。

過了幾年，殷士儋到肥丘任官，一次宴會中，因為一只遺失的金杯，竟把過去那段離奇的往事慢慢兜攏，也讓他有機會把竊占的金杯還給真正的主人。

**一、用「故事六要素」概覽故事**

要幫助低年級孩子快速提升閱讀的文字數量、字彙難度，除了需要大量到位的插圖協助理解之外，更重要的是家長「有策略及有效的共讀」。而「策略共讀」的第一步，就是利用邏輯、序列，分析、讀懂故事內容，如我們第一篇故事《一個傻蛋賣香屁》所呈現的「故事六要素」技巧。

然而，孩子在自己閱讀時，因為還處於「隨興閱讀階段」，無法快速融入這些分析技巧，因此，家長可以試著在孩子第一次讀完故事後，先運用問題引導的方式，達到「故事六要素」的分析效果。

**操作小幫手**

**配合學習本第8頁**

請家長運用下列問題與孩子討論故事內容，再翻開學習本第8頁，一同檢視此書的「故事六要素」為何？是否與孩子剛剛的答案相同？

**Q1** 《狐狸金杯》的主角是誰呢？（誰在故事中出現最多次？）

**A**：這本書的主角是殷士儋。

**Q2** 一開始，主角殷士儋想要挑戰什麼事情呢？（想完成什麼**目標**？）

A：殷士儋要證明自己敢到大宅院過夜。

**Q3** 接下來，會遇到哪個問題呢？(第一道**阻礙**是什麼？)

A：殷士儋沒想到有人會到大宅院來，以為城中的鬼怪傳說是真的。

**Q4** 殷士儋會怎麼解決眼前的困境呢？（用什麼方式**嘗試**解決困難呢？）

A：殷士儋決定接受老翁邀請參加喜宴，好一探究竟鬼怪傳說。

**Q5** 當殷士儋解決了第一個問題，接下來還想做什麼呢？(事情會出現什麼**意外**？)

A：殷士儋偷偷的藏起了一個金杯。

**Q6** 令殷士儋意想不到的事是什麼？(是什麼樣的**轉折**對主角造成衝擊呢？)

A：殷士儋發現金杯居然是朱家的傳家寶。

**Q7** 殷士儋最後怎麼處理金杯？(故事最後的**結局**是？)

A：殷士儋把金杯還給真正的主人。

## 二、用「主角性格」分析故事

　　經由問題引導，與孩子分析、討論過後，相信孩子已對殷士儋非常熟悉，他是一個值得探究的角色，不只富有好奇心，且冷靜、果決又智慧，無所畏懼的前往他人眼中的鬼屋過夜。

　　為了讓孩子明白每一種性格的意涵，第二遍閱讀，我們要從故事的細節來配對人物性格。

**操作小幫手**

📖 配合學習本第8頁

　　請翻開學習本第8頁，並參考附件「溫老師五卡板」中的性格語詞，完成「殷士儋性格」的填空。例如：在「意外」這個故事要素中，「殷士儋偷偷的藏起了一個金杯」，孩子可能下意識認為殷士儋的性格是「貪心」、「衝動」，這樣的主角性格顯然顛覆我們對「好人」的印象。但是，當故事發展到「結局」這個要素，「殷士儋把金杯還給真正的主人」時，「知足」、「堅持」可能又是孩子的選項。

　　提醒家長，不管孩子的答案是什麼，當故事主角的作為進入孩子的道德認知中，兩者之間必定會產生碰撞與判斷，這時，與孩子開啟討論，便是「親子共讀」的價值所在。而在道德的論證時，家長與其站在高位說教，不如先誠實的告知孩子，現實生活會遇到

許多考驗，或許我們無法總是做出正確的選擇，但可以透過故事的思辨，培養日後面對考驗時的問題解決能力，例如「殷士儋偷金杯是想證明那一段神奇的經歷」，家長不妨跟孩子討論：「換作是你，你能做出更好的選擇嗎？」「我們如何避免生活中的誘惑？具體的執行方式又有哪些？」

## 三、精采插圖來尋寶

《狐狸金杯》中有許多富有創意的動物插圖，看起來靈動又吸睛。為了增加孩子對故事的理解及閱讀動機，第三遍閱讀時，我們要邀請孩子一起進行插圖尋寶活動。

**操作小幫手**

**配合學習本第8頁**

請翻開學習本第8頁，透過下列步驟完成「出現的動物」尋寶活動。

**STEP 1** 參考表格內標示的六要素事件頁數，回到書中搜尋該段落出現過什麼動物的插圖。例如第1頁到第24頁是「目標」事件，孩子可以在這幾頁中找一找，會找到貓、鴿子、狐狸、雞等插圖。

STEP 2 請孩子回到題目「出現的動物」中，從三個選項中，圈出你在該事件插畫中曾看到的動物。

## PART 2 思辨評論寫心得

**打破鬼怪迷思**

　　溫老師從低年級的帶班經驗中發現，孩子時常討論一些校園怪談，例如某一間廁所有鬼等，甚至還會來告訴老師，想看看老師的反應。

　　孩子發出這樣的訊息，表示他們真的很想搞清楚這件事。如今，有了故事引導，親子何不藉此機會坐下來好好討論這個議題？這樣一來，就可以破除那些口耳相傳，以訛傳訛的鬼怪迷思了。

　　因此，這次的思辨單元，我們要透過心智圖活動來探討孩子對鬼怪的印象，這樣不僅能讓孩子再一次複習故事內容，還能跳脫前面幾次的閱讀概念，從另外一個角度找答案，這就是「特定閱讀主題」的練習。

　　就像賞析一部電影，我們可以從劇情、音樂、角色、道具、特效等角度切入，每一樣都值得探究，因為都有寶藏可挖掘。孩子閱讀的觸角越廣，賞析故事的方式越多元，未來在寫讀書心得時，就不愁沒有素材可發揮。

配合學習本第9頁

　　請翻開學習本第9頁，我們要透過心智圖填空與心得總結，完成這次的思辨練習。步驟如下：

**STEP 1** 引導孩子思考：傳統觀念中的鬼怪是什麼樣子？你在書中看到的鬼怪是什麼樣子？那麼你自己心目中的鬼怪又是什麼樣子？先點出世俗對鬼怪的刻板印象，再藉由模仿作者思路，跳脫傳統，發展出自己的創意。最後，將上述問題的答案填入心智圖的空格中。

**STEP 2** 從剛剛的活動中，孩子已經得出自己對鬼怪的認知，接著，就要透過評論鷹架產出結論。例如：

　　看完這本書後，我發現原來鬼怪不是<u>只想要殘害人類</u>，而是<u>想避開人類低調生活</u>。書中讓我最意想不到的情節是<u>鬼怪長得和普通人一樣</u>，因為<u>他們有可能是動物修仙化成的</u>。看完這本書，我想告訴大家，鬼怪是<u>不會隨便害人的，不要在污衊鬼怪了</u>。

## PART 3 延伸故事來寫作

**我的奇幻樂園**

　　常有家長表示，低年級孩子寫作總是缺乏邏輯，想到什麼就寫什麼，虛實交錯，有時不免誇大自己的能力。然而，換個角度思考，這時的他們天不怕地不怕，那些你認為的缺點，反而是上帝給低年級孩子最好的禮物。所以，別急著要求孩子爬上尚未成熟的階梯，揠苗助長之餘，還可能將最純真的特質給扼殺，也讓孩子失去了對寫作的興趣。

　　最好的讀寫教學，是順應孩子的階段特質，給予適切且有趣的課程設計。因此，在深入閱讀過《狐狸金杯》這樣奇幻的故事後，PART3要讓孩子試著創造一個自己的奇幻世界，在他喜歡的情境中盡情展現創意吧！

　　過程中，家長一樣可以依照孩子的程度，選擇使用口語引導或實際寫作的方式完成活動唷！

配合學習本第10頁

　　翻開學習本第10頁，這次練習以「我的奇幻遊樂園」為主題，請孩子從自己心目中的遊樂園入口、美食攤位、設施等三個部分出發，畫出它們的模樣，再利用鷹架填空完成對他們的描述。例如：

　　歡迎來到 <u>火星超時空</u> (名字)奇幻樂園，這座遊樂園的入口是用 <u>很多的隕石碎片</u> 做成的，只要你伸手一摸，就會<u>感覺來到了異次元空間</u>。接著你會聽到 <u>火星村長廣播</u> 的聲音，這個聲音是從 <u>遙遠的外太空</u> 傳來的，如果你聽到這個聲音，表示 <u>你已經可以出發前往火星了</u> 。

　　抵達樂園後，最令人驚奇的就是「奇幻美食區」。這裡的奇幻特調飲料，名字叫做 <u>星際莓果飲</u> ，是用 <u>土星香草</u> 、 <u>金星礦石</u> 和 <u>水星珍珠</u> 製成的，味道就像 <u>巫婆的神奇藥水</u> 。還有另一種奇幻美食叫做 <u>火星巧巧棒</u> ，它的成分有 <u>火星熔岩</u> 和 <u>火星臻果</u> ，吃了以後，你就會<u>活力爆發</u> 。吃完美食後，我們快去玩玩看這裡的遊樂設施吧！

這裡最有名的遊樂設施是 <u>七彩的宇宙魔幻飛車</u>，看到它的人都會忍不住心想：「<u>哇！這真是太神奇了！</u>」體驗過程中，你會感覺 <u>像火箭發射一樣快速</u>，接著你會看到 <u>七彩的亮光</u>，聞到 <u>淡淡的花香味</u>。

　　再往園區裡面走，起初你會聽到<u>奇幻鳥啾啾叫</u> 的聲音，這時你可以 <u>輕聲呼喚牠</u>，還可以 <u>用手指在牠身上點一下</u>，接著不可思議的事情發生了，<u>你的身體突然變小</u>，奇幻鳥會邀請你坐到牠身上，一起遊覽整座樂園。

　　這裡有太多奇妙的事了，讓人驚喜連連，趕快找朋友一起來體驗吧！

# 3

# 機智白賊
# 闖通關

## 機智白賊闖通關

文／嚴淑女　圖／林芷蔚

主角阿七的父母早逝，只好和叔叔嬸嬸住在一起。阿七年紀雖小，腦筋卻非常靈光，總能成功哄騙大人，把每件事都說得跟真的一樣，久而久之，大家都叫他「白賊七」。故事裡一連串的「白賊」事件，都圍繞在阿七看不慣強欺弱，而採取的機智反擊行動。例如，教訓販賣黑心菜的商人；教訓對他不公與貪心的叔叔嬸嬸等。然而最後，阿七竟惹上了海龍王，凡人該如何對抗神力？阿七能為自己脫困解圍嗎？

《機智白賊闖通關》充滿奇幻的、機智的、創意的「白賊」故事，不僅深刻探討「謊話」的正當性，也為助人的方式展開思辨。

## 一、強化「故事六要素」

　　經過前兩次的練習，相信孩子都已經很熟悉「故事六要素」的運用了，這一次，我們要強化「故事六要素」的使用方式。

**操作小幫手**

**配合學習本第13頁**

　　請翻開學習本第13頁，PART1表格依照故事內容列出了其中的四個事件，並歸類出每個事件的「故事六要素」為何。請孩子依照頁數提示，回到書中找一找表格內空缺的語詞是什麼，並完成填空。這麼做可以讓孩子再次回顧故事內容，且摘述後的故事事件一目了然，可以快速明白每個事件之間的邏輯與關聯性。

## 二、辨識「故事六要素」

　　孩子完成表格填空後，第二次閱讀故事，我們要進行有趣的「故事六要素」辨識活動，任務不難，卻能提升低年級孩子對故事結構的敏銳度，這樣後續要編寫自己的故事時，就能寫出有情節張力的精采故事。

**操作小幫手**

**配合《機智白賊闖通關》**

　　拿出學習本附件中的「故事六要素貼紙」，配合學習本第13頁PART1表格中標示的頁數，回到書中辨識這四個事件的故事六要素。

　　以「遇上黑心攤販」為例，此事件在書中第4頁至第22頁，請孩子回頭將這個範圍的故事再讀一遍，並試著辨識書中的故事六要素，像是讀到「阿七覺得黑心攤販太可惡，決定給他們一點教訓」的時候，就將「目標」貼紙貼在書中該段落的任何地方；讀到「叔叔發現阿七又說白賊，攤販圍在家門口要求賠錢，非常生氣。」這一段時，就將「意外」貼紙貼在該段落的任何地方。

## 一、機智白賊比一比

　　《機智白賊闖通關》非常適合培養孩子的思辨能力，故事的主角阿七的行為幾乎都是為了劫富濟貧，或是行使正義，看來都是「機智」，怎麼會說是「白賊」（說謊）呢？這是本書值得探討的課題，也是人生重要的價值思辨。因此，PART2我們要帶孩子釐清「機智」與「白賊」的定義。

**操作小幫手**

**配合學習本第14頁**

　　請翻開學習本第14頁，釐清「機智」與「白賊」的定義，分別是「化解危機」和「欺騙別人」，並從「出發點」、「性格」、「行動」三個向度出發，思考「機智」與「白賊」兩者之間的差別。

**還可以這樣做**

　　除了上述思考活動之外，家長也可以利用下列問題，引導孩子進行思辨：

➡ 阿七到底是「白賊」還是「機智」？為什麼？

➡ 為什麼阿七明明是打擊壞人，在故事中卻被他人說成「白賊」？不然他還能怎麼做呢？

➡ 作者為什麼將書名取作《機智白賊闖通關》？如果你是作者，你也會這麼改書名嗎？
（可以參考書中第88頁至
第89頁討論）

## 二、思辨心得寫一寫

　　孩子了解「機智」與「白賊」的差別後，下一步，要試著透過思辨討論，闡述自己的想法，而表達評論最好的方法，不僅要有個人觀點，還要能引用內容舉證，簡潔有力的表述，讓他人一聽就懂。學會利用這樣的評論架構，更可以進一步的運用在各種生活事件和議題上喔。

配合學習本第14頁

　　請翻開學習本第14頁，透過「機智」與「白賊」的圈圈看活動，讓孩子對主角的為人處事發表看法，最後，再將這些看法總結成此次思辨的心得。步驟如下：

**STEP 1** 先完成圈圈看活動，像是「遇上黑心攤販」這件事中，阿七說謊是為了行使正義，因此孩子的答案可能是機智的。以此類推，這個活動沒有標準答案，無論孩子的答案為何，家長都不用急著質疑或否定，而是鼓勵孩子發表自己的看法。

**STEP 2** 利用評論鷹架完成心得寫作，例如：

　　總結上述事件，我覺得阿七是一個 <u>機智</u> 的人，<u>機智</u> 的人會有的性格應該是 <u>聰慧</u> 和 <u>勇敢</u> ，因為有一次，<u>我看見朋友被別班的同學欺負</u> ，我就<u>大喊老師來了</u>。那次的事件讓我覺得自己也是一個 <u>機智</u> 的人，因為<u>我在不發生衝突的情況下保護了朋友</u>。

## PART 3 延伸故事來寫作

**白賊七故事接寫**

　　《機智白賊闖通關》不但具有創意及趣味，作者的寫作手法亦簡潔明快，非常適合孩子用來仿寫和接寫，因此，我們要邀請孩子試著接寫故事。動筆之前，家長可以請孩子先口頭發表，面對孩子天馬行空的回答，別忘了大力讚賞；當孩子接續不上情節、內容卡住時，親子可以一起發想，或者去訪問家人或朋友，不一定要一氣呵成，畢竟作家也常在寫不下去時，出外找靈感啊！

配合學習本第15頁

　　請翻開學習本第15頁，參考鷹架中的提示語，分成五段完成故事接寫。例如：

　　阿七從千里馬上摔下來以後，他來到了一個<u>迷幻的仙境</u>，這個地方他從來都沒見到過，這裡有<u>獨角獸</u>、有<u>人馬</u>，還有<u>貓狗在天上飛</u>。這裡住著的人，臉上<u>紋了美麗的花紋</u>，身體上<u>散發出甜甜的異香</u>，他們都穿著<u>會跟著心情變色的衣服</u>。

　　聽說這個地方有個非常神奇的法寶，這個法寶是<u>能讓人瞬間移動的斗篷</u>。如果有了它，就可以<u>回到熟悉的家鄉</u>。阿七一直想要得到這個法寶，所以他就<u>說白賊騙取法寶</u>。

　　得到法寶後，阿七說：「<u>這裡的人真是善良又單純，這麼輕易就把法寶交出來。</u>」而他做的第一件事是就是<u>離開這個地方</u>。

　　他想起龍王可能還會派人來捉他，於是他決定<u>先在附近的城鎮避一避</u>。但他發現自己根本沒有錢。所以他<u>趁夜晚偷偷瞬間移動回家</u>。這樣做以後，阿七就<u>拿回被叔叔嬸嬸搶走的遺產</u>。

　　從此以後，阿七不但<u>可以自己逍遙度日</u>，而且<u>再也不用擔心被叔叔嬸嬸欺負了</u>。

My Reading Box 從讀到寫 溫美玉的12堂讀寫課

# 4

出雲石

## 出雲石

文／謝武彰　圖／葉祐嘉

邢雲飛什麼都不愛，偏愛奇石。每當他看到顏色和形狀奇特的石頭，不管價格多昂貴，都一定會立刻買回家。

有一天，邢雲飛到河邊捕魚，意外網到一塊奇石，仔細一看，石頭的外貌像極了高聳入雲端的名山峻嶺，更特別的是，每當快要下雨的時候，石頭上的小孔就會冒出白色的雲霧。白霧輕飄繚繞，看起來猶如仙境，邢雲飛愛不釋手，為這塊奇石命名「出雲石」。

後來，出雲石的名號愈來愈廣，人人都想來爭相目睹「出雲石」的絕妙風采，更為邢雲飛帶來料想不到的遭遇……

## 一、貼出分合時刻

　　從遊戲中學習，絕對是孩子最樂於增能的方式。這次的閱讀，我們把策略融入在遊戲中，讓孩子不知不覺中讀完《出雲石》，還能從中學習整理與辨識重點。

　　《出雲石》描述了邢雲飛和出雲石數次的分分合合，為了掌握這些精采的劇情，我們運用「分合貼紙」，讓孩子在第一遍閱讀時，能特別留意分合的關鍵時刻，並在書頁上做記號。

　　用遊戲化的方式閱讀，既能讀懂故事情節，也能在每個段落的小結尾稍作停留與註記，當然也為未來做筆記的能力預留伏筆。

### 操作小幫手

**配合《出雲石》**

　　請孩子拿出學習本附件中的「分合貼紙」，在第一遍閱讀時，一邊瀏覽故事，一邊用貼紙在分合關鍵時刻做記號。例如：「邢雲飛在河裡找到出雲石」，就把「合」的貼紙，貼在書頁的任一處做註記。

## 二、分合事件總整理

　　接著，第二遍閱讀，要請孩子回顧故事中重要的事件轉折，並透過動手操作，強化對故事事件的印象。

**操作小幫手**

### 配合學習本第17頁

　　請翻開學習本第17頁，並搭配附件中的「分合事件貼紙」進行活動。題目以「出雲石」為底圖，而左邊代表「分」，右邊代表「合」，請孩子利用寫有重要分合事件的貼紙整理故事，判斷這些事件分別要歸類為「分」還是「合」，並按照事件的發生順序貼入空格中。

## 三、細數主角的惜物行為

《出雲石》是邢雲飛愛石成痴的故事，到底一個人愛上一件物品，會為它做哪些不可思議的事呢？這是寫故事非常重要的創意，也是聽故事的人最享受的畫面。第三次閱讀後，我們要引導孩子整理出故事主人翁邢雲飛愛護出雲石的表現，除了分析作家的思考脈絡外，也能潛移默化創意能量。

**操作小幫手**

📎 **配合學習本第17頁**

請翻開學習本第17頁，回顧故事中，邢雲飛因為愛護出雲石而做出哪些事？將這些愛護行為的發生順序填入表格中。

**一、我是小記者**

　　《出雲石》雖然出自《聊齋誌異》，傳奇色彩難免跟實際生活有些落差，但主旨傳遞了絕佳的生命教育理念，以及惜物愛物精神，很適合成為思辨教材。

　　這次的思辨活動要由孩子主動出擊，假裝自己是小記者，蒐集身邊親友愛惜物品的故事。訪問前，可以為孩子準備一些專業的道具，像是將紙揉成團，模擬麥克風。根據溫老師的經驗，一旦手上拿著可愛的麥克風，遞出去的剎那，孩子的自信也會油然而生，專業又不失趣味。

　　家長可以利用以下的參考提問，和孩子一同擬定這次採訪的訪綱：

你要訪問的人是誰呢？

他最喜愛的寶貝是？

他都怎麼照顧他的寶貝呢？

如果他的寶貝有什麼狀況，他是怎麼應對處理的？請舉出一個案例補充。

他還會幫寶貝做哪些事情呢？請舉例。

他和寶貝之間最特別的一件事是？請說明細節。

他最想和寶貝說的一句話是？為什麼？

採訪過程中，家長也可以用手機錄音，再把語音檔轉成文字檔，幫助孩子將這些訪問內容製作成小書唷。

## 二、思辨心得寫一寫

　　採訪結束後，請孩子利用溫老師提供的鷹架，把採訪得到的答案簡單整理，就可以完成屬於自己的一篇小短文唷。

**操作小幫手**

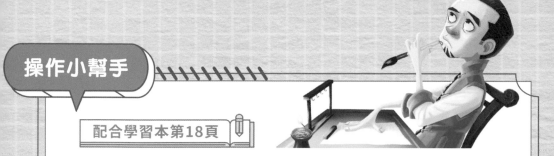

配合學習本第18頁

　　請翻開學習本第18頁，將採訪到的答案，填入寫作鷹架的空格中，串成通順的小短文，例如：

　　我訪問的人是 <u>爸爸</u>，他最喜愛的寶貝是 <u>他的車</u>。如果他的寶貝 <u>看起來髒髒的</u>，他就會 <u>自己動手洗車</u>。他也會幫寶貝 <u>定期保養</u> 和 <u>打蠟</u>。他和寶貝之間最特別的一件事情是 <u>他們曾經一同挑戰環島</u>。他最想和寶貝說的一句話是 <u>謝謝你陪我去那麼多地方，每次和你一起兜風，煩惱都會一掃而空</u>。

　　此外，也不要忘了畫出受訪者的心愛物品長什麼樣子，這樣報導內容才會更豐富唷！

在讀《出雲石》的過程中，家長也可以把主題延伸到自己和孩子身上，藉由故事內容的延伸討論，了解彼此不同的價值觀。

例如與孩子討論：「出雲石是邢雲飛的寶貝，他總是全心全意的愛護和看顧它。想一想，你和家人是不是也有自己的寶貝，你們是怎麼愛惜這個寶貝的呢？為什麼這個寶貝對你來說那麼麼重要?它帶給你什麼樣的價值?」

## PART 3 延伸故事來寫作

### 出雲石的自述

　　《出雲石》談的是人與世間時常發生的分與合，原本沉重且意義深遠的課題，藉由故事鋪陳，竟也成了孩子可以發揮的寫作主題，這是閱讀故事最驚奇，也最具寫作效益之處。PART3請家長陪孩子一起想像，假裝自己就是出雲石，寫一寫出雲石驚心動魄的一生。

**操作小幫手**

配合學習本第19頁

　　請翻開學習本第19頁，運用溫老師提供的鷹架，完成該題的學習單，動筆前，親子可以利用下列幾個提問先進行暖身，當作共作參考，當然，家長也可以利用其他的問題引導孩子喔！

➡ 邢雲飛和出雲石之間，經過了好多次的分分合合啊！如果出雲石有生命，它會在每個階段說什麼呢？

➡ 被迫離開邢雲飛的時候，出雲石會怎麼想？有什麼感受？

➡ 和邢雲飛團圓的時候，出雲石又會有什麼話想說呢？

49

只要跟著鷹架的提示脈絡走，就可以完成一篇故事接寫。例如：

　　一位名叫<u>邢雲飛</u>的人，潛到河裡發現了我。當他把我從河底的泥沙裡挖起來的時候，我感覺好像<u>逃出監獄</u>，我想對他說：<u>謝謝你將我從河底救出，期待能和你一直在一起</u>。

　　我和主人分開了很多次，有一次，有個惡霸想把我搶走，那時我<u>相信主人一定會來救我</u>，當惡霸的僕人不小心讓我掉進河裡時，我覺得<u>那個僕人想害我再也見不到主人</u>。還好主人再次找到我，重新把我帶回家中。

　　主人為了不讓我被別人奪走，他<u>把我藏在隱密的書房裡</u>，當主人把我藏起來時，我覺得<u>主人真的很珍惜我</u>。我和主人分開過很多次，除了惡霸把我搶走之外，<u>連神仙</u>也想把我收回去。我還曾經被<u>小偷</u>和<u>喜歡石頭的尚書</u>搶走，還好，主人還是把我找回來了。

　　我覺得主人是一個<u>堅持</u> 性格 的人，因為他<u>寧願折壽三年也要把喜歡的東西留在身邊</u>，雖然最後我和主人一起被埋進土裡，但是我猜想或許有一天，還會有另一個人把我挖出來，這個人可能是<u>主人轉世</u>，我和他還會再展開另一個新的故事。

MY Reading Box從讀到寫 溫美玉的12堂讀寫趴

# 5

生活大冒險系列

# 買菜大冒險

文／哲也　圖／草棉谷

## 買菜大冒險

《買菜大冒險》是「我媽媽是魔法公主的孫女的孫女的孫女」系列之一，作者巧妙的將媽媽和女兒塑造成會使用魔法的人，並以一家三口的生活日常為主題，如買菜、晒衣服和夏天吃冰，配上幽默的對話，非常適合為孩子的獨立閱讀做暖身！

《買菜大冒險》描述為了達成爸爸的生日願望：吃到彩虹蛋糕，於是母女倆前往魔法王國「可可露西亞」的菜市場買彩虹，經過重重難關，最後跟著她們回家的竟然是一頭大獅子！

## PART 1 閱讀策略讀故事

### 一、發現「對話」好厲害

魔法是孩子進入文學世界的啟蒙，也是未來創意和想像力的養分。《買菜大冒險》將魔法匯入日常生活，使孩子每一天都充滿奇趣，引發無限期待和夢想。作者到底用了什麼樣的手法，把這些平淡無奇的元素，變成一個又一個好玩的文學故事呢？背後的祕密正

是家長可以引導孩子分析和學習的地方。

　　讀完《買菜大冒險》後，家長不妨問問孩子：「這本書有什麼特別的呢？」接著翻開第34頁到第36頁，找到對話頭像。這兩頁共有9個不同的角色，每個角色都說了一句話，好不熱鬧！而每句話的上方，都有個人物頭像，這種類似劇本的寫作形式，就是《買菜大冒險》最特別的地方，以「對話」為主軸，開啟故事的情節。

　　熟知寫作的人都知道，學寫故事的第一步，就是要「讓角色說話」。所以，這次在故事閱讀策略上，我們便要試著引導孩子發現對話的奧妙之處。

**操作小幫手**

**配合學習本第21頁**

　　請翻開學習本第21頁，對照《買菜大冒險》第34頁到第36頁的原文，會發現兩者之間，雖然意思是一樣的，但變成「對話」形式之後，故事反而更貼近讀者。

　　接著，請孩子判斷學習本PART1中的文章內容，分別是從哪個角色的「對話」轉化而成？並使用附件中的「角色貼紙1」，貼到相應的空格中。例如：「牛頭人一看到我，就知道我是魔法公主的孫女的孫女的孫女。」這句是從牛頭人的話：「哦？是魔法公主的孫女的孫女的孫女來了呀！」轉化的，因此，請將牛頭人貼紙貼到空格中。

## 二、角色動作演一演

　　發現對話的奧妙後，家長也可以和孩子一起把《買菜大冒險》中，所有精采的人物動作描寫找出來，然後一起表演這些動作，或者親子比賽，看誰演得最傳神。例如：

　　演戲不僅能讓孩子發現「用對話活化故事」的祕密，還能把閱讀變得更活潑有趣！

# PART 2 寫作技巧練習

## 判別「敘述五要素」

　　《買菜大冒險》的故事事件不僅生動逗趣，還能訓練孩子用「敘述五要素」寫故事摘要。所謂的「敘述五要素」就是指人、事、時、地、物，這是文章最基本的結構，低年級的課文教學，老師都會特別強調，用這幾個重點把一件事說清楚。別小看把文章化繁為簡的任務，這是學做筆記的開始，也是孩子日後能精準表達的最佳訓練。

操作小幫手

配合學習本第22頁

　　請翻開學習本第22頁，PART2將分成兩題讓孩子練習判別「敘述五要素」。

　　第一題，題目已將前面PART1提供的事件文章整理成網狀圖，請孩子判斷這些摘要內容分別屬於人、事、時、地、物哪一項？並利用附件中的「敘述五要素貼紙」進行分類練習。

　　第二題，請孩子閱讀題目提供的短文，並判斷文中的人、事、時、地、物分別為何？將答案填入空格中。

**菜市場大進擊—運用「走讀」來寫作**

　　《買菜大冒險》把市井百態帶進孩子的世界，是非常接地氣的素養教育。日常生活中，孩子鮮少有機會走進傳統市場，不如趁這次的閱讀，帶著孩子一起來場「菜市場大進擊」吧！別忘了利用手機或筆記本，記錄這次有趣的走讀喔！

　　出發前，可以跟孩子討論下列幾項觀察重點：

➡傳統市場跟大賣場的不同？包括：地點、內部擺設陳列、販賣方式等。

➡認真觀察或者錄下傳統市場的叫賣，哪些聽的懂？哪些聽不懂？

➡如果自己就是攤販老闆，會想賣哪種商品？為什麼？

➡確認要賣的商品之後，會怎麼陳列擺設？請畫出來分享。

➡如果你是老闆，會用什麼方式吸引客人上門？

➡參觀傳統菜市場之後的心得？

（可參考「溫老師五卡板」中的情緒語詞。）

配合學習本第23頁

　　結束市場走讀後，請孩子翻開學習本第23頁，將觀察到的市場人物特徵記錄下來，並試著模仿書中使用的對話技巧，描寫出他們叫賣的用語，重現熱鬧的市場情境，例如青菜攤有一位女老闆，看起來年約五十歲，個頭矮小，但嗓門宏亮，喊著：「看過來！看過來！早上新鮮採收的青菜喔！」這些都是可以被記錄下來的。

　　除了這些生猛有力的推銷話語之外，市場裡可能還有親切招呼客人的水果攤阿姨、手腳俐落的肉攤小哥，家長可以帶孩子仔細聽每個銷售員的對話，也陪著孩子蒐集這些人的動作、表情，畫在人像框內，並將攤販特徵寫下來。若孩子寫不出來，家長也可以將手機錄下的精采畫面拿給孩子參考，當成寫作材料，相信這一趟菜市場大進擊，會是孩子難忘的寫作之旅喔！

My Reading Box 從讀到寫 溫美玉的12堂讀寫創

# 6

生活大冒險系列

# 晒衣服
# 大冒險

文／哲也　圖／草棉谷

## 晒衣服大冒險

《晒衣服大冒險》與上一本的《買菜大冒險》一樣，是「我媽媽是魔法公主的孫女的孫女的孫女」系列之一，講述爸爸開會要穿的白襯衫被橘子汁給噴髒，更不幸的是，外頭的雨下個不停，衣服根本晒不乾，這樣的難題要怎麼解決呢？我們要再次用魔法與想像力，穿越正常人的思維，跟著《晒衣服大冒險》來趟驚奇之旅！

# PART 1 閱讀策略讀故事

### 找出幻想世界的魔法

原來這些文字就是作家變出的魔法啊！魔法其實是讓我們脫離現實，讓眼前所有的事件進入另一時空盡情馳騁的技巧，於是你可以自由的跟雲對話，跟星星打招呼，跟萬事萬物成為好朋友，成為無所不能的超人。

相信孩子自己讀過，或者親子共讀這一系列的故事，都會被帶進魔法時空，甚至想像自己也擁有超能力。這時請儘量不要打斷孩

子的興致，反而更要鼓勵孩子從生活中的瑣事，找到穿越時空的創意，編織出最迷人的文學作品。

如果孩子一臉茫然的問：「作者的魔法從哪裡變出來的？」家長也不用擔心，跟厲害的寫作高手學功夫，一樣能成為創意大師喔！

## 操作小幫手

### 配合學習本第25頁

請翻開學習本第25頁，並從《晒衣服大冒險》中，搜尋「現實世界不會發生的事情或景物」，將內容整理在表格中。活動步驟如下：

**STEP 1** 寫出作者設定的「幻想對象」。

**STEP 2** 將故事中神奇的描述填入「故事內文」空格內。

**STEP 3** 請孩子發揮想像力，為這段文字配上圖像。

例如：《晒衣服大冒險》第26頁，作者設定的「幻想對象」為「公車站牌」，內文則用「公車站牌從地底下搖搖擺擺鑽出來。」這段話，具體展現主角魔法的厲害。

## PART 2 寫作技巧練習

### 一、真實魔幻大比拼

　　當我們熟讀《晒衣服大冒險》，也了解作者如何施展寫作魔法後，可以先和孩子討論兩個問題：

➡ 真實和想像世界中的事物有什麼不同？

➡ 哪一種寫法能讓故事更精采？

　　接著，請家長帶著孩子一起練習寫作魔法，在表格裡創作一段魔幻內容吧！

**操作小幫手**

📖 配合學習本第26頁

　　請翻開學習本第26頁，依照題目提供的敘述改寫，把真實情境變成天馬行空的有趣畫面，或者把幻想的情節轉換成真實的樣貌。例如把真實情境「等紅綠燈」轉換成幻想情節，可能會變成：「路上有個大妖怪，他有著三顆眼睛，分別是紅、黃、綠三種顏色。當他把紅眼睛打開時，大家都不敢動。」

　　親子一起發揮想像力，創造有趣的畫面，是打開寫作之門的練習，答案沒有對與錯。結束這次練習後，也可以把這些概念注入日常生活，隨時用口說增能，信手拈來都是文學。

## 二、精準動詞找一找

　　《晒衣服大冒險》不僅是跳脫時空限制的故事範本，也是符合真實生活情境的好作文。怎麼說呢？

　　寫作需要動態感，而製造動態感最好的方式就是善用「動詞」。那麼《晒衣服大冒險》的動詞有哪些呢？請親子跟著PART2的操作活動一起找找看吧！

**操作小幫手**

配合學習本第27頁

　　請翻開學習本第27頁，依照題目提供的情境圖，找出書中對應的文句，標出其中的動詞，並試著換位思考，想想角色當下的情緒是什麼（可參考溫老師五卡板）？最後，利用前面得出的動詞和情緒語詞造句。

　　以第一個情境圖為例，在書中對應的文句是：「媽媽牽著我，我牽著小狗，一起蹦蹦跳跳跑下樓。」這句話中的動詞包括「牽」、「蹦蹦跳跳」、「跑」，角色當下的情緒可能是「期待」，請孩子利用這些元素造句，如：「我每天最期待的事，就是和媽媽出門散步，因為媽媽總是會牽著我的手，帶我去吃好吃的下午茶。」

**我的魔法大冒險**

　　這次的PART3，我們要以「放學途中」為主題進行創作，學習本中的寫作方法，將這段歷程變成自己的魔法大冒險。請孩子發揮創意，想像從學校返家的路上，總共會遇到三種不同的魔幻情境，分別是什麼呢？

**操作小幫手**

配合學習本第28-29頁

　　請翻開學習本第28-29頁，並搭配附件「狀況事件卡」，創作屬於你的放學大冒險短文。步驟如下：

**STEP 1** 請孩子先抽選三張狀況事件卡。

**STEP 2** 將剛剛抽取張狀況事件卡，作為魔幻情境的指定素材進行創作。

　　假設我們抽出的三張卡牌分別是「事物變形」、「寶物出現」、「魔幻空間」，三個魔幻情境的寫作就可以這樣安排：

 **事物變形**

我在回家路上經過一間沒看過的超商,我停在店門口張望,想不到自動門突然張開血盆大口,長長的舌頭向我伸過來,我來不及防備,就被捲進裡面。

 **寶物出現**

一股冰涼香甜的氣息向我襲來,我抬頭一看,是一支足足有兩層樓高的巨無霸霜淇淋,許多人已經爬上梯子,大口大口的吃了起來。

 **魔幻空間**

我咬下一口霜淇淋,突然感覺一陣頭暈,醒來時發現眼前出現了一扇門。「嘎~」的一聲,門突然打開,我從門外看見妹妹正坐在家裡的沙發上看著卡通。

「狀況事件卡」不僅可以幫助孩子編寫故事不卡關,還能學習寫作如何構思情節,讓故事有無窮張力唷!

MY Reading Box從讀到寫 溫美玉的12堂讀寫趴

# 7

泡泡精靈1

# 尋找魔力
# 星星果

## 泡泡精靈1
## 尋找魔力星星果

文／嚴淑女　圖／蜜可魯

傳說，只要連續對著泡泡許願一百次，泡泡精靈就會隨著泡泡出現。主角大膽是一隻膽小的獅子，希望能搭上銀河列車，摘取十萬年才出現一次的「魔力星星果」，吃一口就能達成變勇敢的夢。已經連續對著泡泡祈願一百次的大膽，成功召喚泡泡精靈露露和波波，展開一連串的銀河冒險。

本書透過大膽的改變之旅，讓孩子學習如何獨立，透過泡泡精靈實現願望的三大密語：「改變想法、真心相信、馬上行動」的助攻，在冒險的歷程中，把自己的期望和弱點，變成獲得勇氣、自信、關懷等成長的正能量。

# PART 1 閱讀策略讀故事

## 一、判斷遇到的考驗

歷經這麼多次的閱讀後，可以發現每個故事的主角多少都會遇到考驗和阻撓，而這些考驗的出現會帶動劇情轉折，是讓故事變精采的關鍵之一。掌握這些關鍵轉折，則是理解故事重要的途徑。

## 操作小幫手

配合《尋找魔力星星果》

　　請孩子在進行第一遍故事閱讀時，留意故事情節，看到主角們遇到考驗和阻撓的段落時，將學習本附件中的「考驗貼紙」貼到書本上。這個活動沒有標準答案，旨在孩子閱讀時，能稍微停留思考。

## 二、 探究考驗事件與結果

　　在《尋找魔力星星果》這本書中，作者安排的考驗通常有三種，分別為：❶主角能力　❷對手出現　❸環境變化。為了增加孩子與文本的互動與理解，幫助孩子辨識轉折所在的關鍵事件、事件導致的結果，以及主角遭遇事件時的情緒變化，PART1學習活動，我們特別設計了一個練習表格，幫助孩子梳理故事脈絡，快速掌握文本重點，順利銜接後面的情節發展。

配合學習本第31頁

　　請翻開學習本第31頁，試著完成PART1表格。步驟如下：

**STEP 1** 先進行表格中「考驗事件」與「事件結果」的欄位填空，孩子只需要對照表格中的指定頁數，回到書中再次閱讀即可找到答案，與上一個貼紙活動不同的是，這回要更聚焦在「重點句」。

**STEP 2** 請孩子試著辨別這些「考驗事件」分別屬於❶主角能力 ❷對手出現 ❸環境變化三種考驗中的哪一種，到「遇到的考驗」勾選出答案。

**STEP 3** 請家長拿出「溫老師五卡板」用提問的方式與孩子一一討論「遇到考驗的情緒是什麼？」，並將討論出的答案填入表格中。

　　例如第56頁到第67頁的考驗事件為「超級大的天鷹撲飛下來。」家長可以問孩子：「如果你是主角，你會有哪些情緒？為什麼？」、「這樣的情緒你曾經在什麼時候有過？當時你希望得到什麼樣的幫忙呢？」

露露個性認真、聰明機伶，能運用知識和道具完成任務；波波個性迷糊，愛觀察，常出怪點子，誤打誤撞完成任務。兩人是互補的好夥伴。除了露露和波波之外，故事中還有渴望獲得勇氣的大膽，他的成長與轉變過程很值得親子討論。

　　請家長拿出「溫老師五卡板」，回到書中探索各個事件，觀察大膽表現出的性格，除了一開始的膽小之外，後來還有哪些很棒的性格出現呢？請一一列出，並說一說是什麼原因讓膽小不見了？

　　例如：第91頁中，大膽想起不管他失敗多少次，爸爸仍相信他可以做到，因此他下定決心不能再讓爸爸為他受傷，他要保護全家人。這就是改變，可以看出大膽的性格逐漸從「懦弱」、「依賴」，轉變成「勇敢」「獨立」。

**考驗情節改一改**

　　此次的寫作技巧練習，我們要帶孩子嘗試改編原本的故事，把作者安排的考驗改一改，看看故事會變成什麼樣子？

　　有原故事可以參考，提供孩子寫作的主幹，孩子就不必從零開始發想，自然也會覺得安心許多。孩子只需要發揮創意，就可以延伸出許多與原故事不同的情節組合。另外，孩子在創作的過程中，可能會發生情節不合邏輯的狀況，此時家長不妨順著孩子的童心，先對孩子的創意給予欣賞，再從旁提供一些建議，共同完成親子的奇幻故事之旅。

　　親子共作不只可以培養孩子編寫的能力，也讓孩子明白作家不是隨想隨寫，所有的故事都是經過縝密的安排，每個情節都需要一一檢視，或者不斷重新組合排列。

配合學習本第32頁

　　請翻開學習本第32頁，判斷原本的考驗情節（藍色區塊）屬於三種考驗中的哪一種？接著，重新選擇考驗種類改編情節，並將答案填寫在下方粉色區塊中。

　　例如第一項考驗「泡泡飛船撞到樹」，是主角「能力不足」所遇到的挫折；親子可以試著用不同角度改編故事，例如從「環境變化」著手，讓故事變成：「泡泡飛船偏離航道，開到了別的星球。」或從「對手出現」切入，讓主角們遇到更厲害的對手等。

**幫媽媽過母親節**

　　故事精采的祕密是什麼呢？原來就是在故事裡「加入考驗」、「加入幻想」。現在，我們就利用作家傳授給我們的寫作功力，寫好這次的主題————「幫媽媽過母親節」吧！

## 操作小幫手

### 配合學習本第33頁

　　請翻開學習本第33頁，順應故事前後文，決定自己要使用❶主角能力 ❷對手出現 ❸環境變化 三項考驗種類中的哪一項，發想兩件「考驗事件」。以第一件考驗事件為例：

　　今天是母親節，所以我和爸爸想要給媽媽一個大驚喜。我們的計畫是幫媽媽做一頓超級美味的早餐。「你先幫忙烤吐司，我來負責煎蛋!」爸爸把工作分派給我。「烤吐司有什麼難呢?我絕對可以成功達陣!」我在心裡對自己說。我把吐司抹上奶油再放進烤箱…

　　這是文章的開頭，接下來怎麼讓文章變得精采呢？我們要用❶主角能力 ❷對手出現 ❸環境變化這三種選

項，來豐富日常生活事件的寫作。我們過去寫文章可能沒有任何計畫，也不曾借用作家的寫作心法，所以看到題目就頭痛，腦中一片空白。這次可不一樣了，如果你選的是 ❶主角能力，那麼過程可能是：

　　沒想到，這幾片吐司好像跟我有仇一樣，故意跟我作對，不但不好好躺在盤子裡，當我的手伸過去拿起來要抹上果醬時，竟然一溜煙就滑到地板…

　　看到了嗎？光是決定了方向，腦子裡就出現好多精采的畫面，還有一堆可以發展的情節！這就是擺脫寫作流水帳的祕訣之一，一點也不難呢！只要在閱讀的過程中加入更多策略，挖掘作家的寫作魔法，再加上一些耐心與練習，從深度閱讀轉化到創意寫作其實很容易。

My Reading Box 從讀到寫 溫美玉的12堂讀寫課

# 8

愛海牛社區2

 歡迎光臨
餓蘑島

## 歡迎光臨餓蘑島

文／王文華　圖／賴馬

《歡迎光臨餓蘑島》是一本兼具童話和初階少年小說的故事，也就是說，低年級孩子其實可以透過閱讀引導，為進入少年小說做準備。這本書除了文字量較多，情節結構也不再單一，現在讀的重點和中高年級之後再讀，又會有不同的樂趣和學習。

《歡迎光臨餓蘑島》將生活素養與冒險故事融合，一群抱怨暑假沒事做的海愛牛社區孩子，看似真實的社區、學校、校車等元素，藉由魔幻的大筆一揮，來到可怕的「餓蘑島」，通過一場又一場的冒險，探討友誼和生存的議題。

## PART 1 閱讀策略讀故事

### 一、我們這一班

　　《歡迎光臨餓蘑島》中穿插了許多角色，因此，辨認人物也是這次閱讀最困難的任務之一，好在有知名童書創作者賴馬巧心繪製，幫助作者將人物形象一一畫出，創造精采的出場介紹。除了美麗的插圖之外，人物性格也是辨認角色的技巧之一，讓我們一起來看看海愛牛社區孩子們的性格分別是什麼吧！

### 操作小幫手

#### 配合學習本第35頁

　　請翻開學習本第35頁，配對看看這些話分別是誰說的？將附件「角色貼紙2」貼到相應的空格中。若想不出答案，也可以重新回到書中尋找線索唷！接著，在成功配對完角色貼紙後，請分析看看這個角色的性格（可參考溫老師五卡板）。

　　以「阿正，你把吐司丟給牠（山豬），其他人準備跑。」為例，這句話是小傑在大家被山豬突襲時說的，可以看出他性格冷靜、聰慧，在慌亂中仍能想出策略指揮大家。

## 二、我的老師好大咖

素養教育的執行重點就是「引導」和「探索」，《歡迎光臨餓蘑島》的作者透過誇張的手法，讓讀者慢慢探索角色，而深度閱讀就像剝洋蔥，必須一層一層向內走去，理解故事含意，如白髮爺爺、胖大娘、短髮姊姊等角色背後都有自己特別的故事。

《歡迎光臨餓蘑島》中的夏令營老師各個來頭不小，跟學校中規中矩的老師可是天壤之別，因此，PART1的第二個活動，以夏令營師資介紹為主題，讓孩子慢慢認識這些重要的角色，加深對角色的印象。

### 操作小幫手

**配合學習本第36頁**

請翻開學習本第36頁，搭配附件「角色貼紙3」，透過對話配對看看這是哪一位老師的介紹？想一想這位老師的專長和性格為何？

像「廚師兼司機，不行嗎？你再多嘴，我連你也丟下車。」這句話，我們可以推測應該是富家女出身的胖大娘所說，她因為遇人不淑反倒練就了一身好廚藝與駕駛能力，性格也顯得有些浮躁。

## PART 2 寫作技巧練習

### 一、邁向獨立三部曲

　　《歡迎光臨餓蘑島》就像一本親子教養手冊，把一群茶來伸手、飯來張口的孩子，變成獨立自主的個體。有了這次的共讀經驗，家長可以利用假期帶孩子去戶外探險，不管是參加營隊或者自己策劃，對孩子而言，都是正向且積極的課程，也是美好的童年回憶。

　　不過，先別急！我們來看看海愛牛社區的孩子，經過哪些關卡的訓練才逐漸學會獨立的呢？

配合學習本第37頁

　　經過觀察，溫老師幫大家整理出「邁向獨立三部曲」，其中第一步是「師長關心」，第二步是「朋友幫助」，第三步是「自己付出」，非常符合每個人的成長歷程。

　　請翻開學習本第37頁，表格已經大概整理出故事中的「邁向獨立三部曲」元素，孩子可以參考上方語詞表，將語詞配對到相應的空格中。

還可以這樣做

　　活動結束後家長也可以和孩子討論故事情節中，每個事件的衝突點為何？主角如何成功化解事件？過程是否合理？如果發生在自己身上，會選擇哪種解決與成長方式？

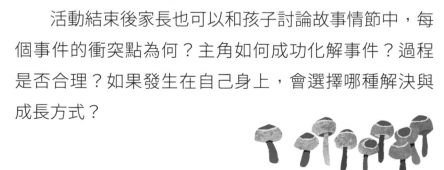

## PART 3 延伸故事來寫作

**我的學習日記**

　　成長過程中，每個人都有自己感興趣的事物想學習，雖然難免會碰到挫折，但正因為一個接著一個的考驗，才能幫助我們成就自我價值。其中，學齡時期的孩子最喜歡學習新事物，同時也因為識字量逐漸增加，理解的越多，越能感受外部世界的衝擊。PART3要協助孩子融合前面所學，從「獨立三部曲」出發，試著分享一項自己的學習經驗，並萃取出成功改變的內涵，成為寫作的素材。

**操作小幫手**

配合學習本第38頁

　　在孩子動筆前，家長可以先參考下列兩個題問，與孩子進行事前討論：

➡ 你印象中曾經學過，而且現在很擅長的，是哪一件事呢？

➡ 要學會做好這件事，需要哪些步驟？每個步驟需要注意的事項又有哪些呢？為什麼？

接著，請翻開學習本第38頁，利用學習單上的問題引導孩子一一拆解、分析自己的學習經驗，探討這些過程如何符應「獨立三部曲」。例如：

1.師長關心：你在學習這件事情的時候，哪個長輩(爸爸、媽媽、爺爺、奶奶、老師...)幫助你？他們怎麼幫助你？說了什麼話來鼓勵你？

我在學習鋼琴的時候，爸爸給了我很多幫助，他雖然工作很忙，卻總是趕來接送我練琴。每當我覺得很累，不想學下去的時候，爸爸都會告訴我：「學習本來就要花很多時間，你能堅持學習一項興趣是件了不起的事，爸爸媽媽都為你感到驕傲。」

2.朋友幫助：有哪些朋友幫助你？他們做了什麼事?接受他們的幫忙時，你有什麼感受?你怎麼回應他們的幫忙？

除了爸爸媽媽之外，還有同學們也提供我很多幫助，他們每次上音樂課的時候，都喜歡和老師說我多麼會彈鋼琴，讓我感覺學鋼琴的自己非常特別，只要有機會或者需要有人彈琴的時候，我都充滿自信的主動幫忙。

3.自己付出：你怎麼做？這件事情最後成功了嗎?你滿意自己的努力或表現嗎?你覺得在學習這件事情時，自己表現了什麼性格？

　　最後我不僅沒有放棄每週上鋼琴課的習慣，還參加了鋼琴班舉辦的成果發表會。表演前我認真練習，只為了上臺不要出錯。表演當天，我順利彈完曲子，當獲得大家的掌聲時，我覺得有堅持學習一樣事物真好，我為自己感到驕傲。

　　這雖然是寫作練習，卻能協助孩子歸納出自己的成功歷程，即使孩子還小，一時寫不出好作品，但家長依然可以透過清楚的認知，引導孩子面對所有的學習，或者利用口頭討論，幫助他把思緒和內容整理成文字，讓孩子也能看見自己的思考，同時也讓這樣的成功學習歷程複製到未來各項學習上。

My Reading Box從讀到寫 溫美玉的12堂讀寫趴

**9**

# 企鵝熱氣球

## 企鵝熱氣球

《企鵝熱氣球》的作者林世仁擅長處理文字，他的創作不僅有起伏的故事情節，還有充滿韻律感的文字組合，讓讀者彷彿馳騁在春天的大草原上，平易近人且輕鬆自在。

文／林世仁　圖／呂淑恂

故事開頭，熱情的企鵝站在熱氣球旁，邀請大家：「坐上熱氣球，天空任悠遊！」草原上的小動物聽到都躍躍欲試。而搭乘熱氣球的門票，則開放每位動物發揮創意，製造屬於自己的門票。小松鼠奶奶的門票是一張很香的蔥油餅；烏龜的門票是一朵遲到的玫瑰花；螞蟻的門票是好癢好癢的全身親親；熱氣球上的每一位乘客，都有不同的願望和目的，而企鵝從來不會讓任何人失望，因此譜出一串串動人故事。

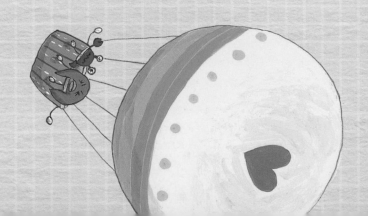

## 用「敘述五要素」整理故事

　　家長一定多少遇過孩子與他人發生衝突時，跑來告狀求助的情況，但不僅礙於情緒高漲無法思考，更關鍵的是，孩子少有機會好好訓練怎麼說清楚一件事，以至於情緒失控時，更難把自己的立場說清楚。

　　深度閱讀不僅是興趣的培養，更是表達技巧的刻意練習。《企鵝熱氣球》是一本充滿愛與夢想的故事，而我們要如何讓孩子學會整理大量的文字，說清楚一件事呢？在帶低年級孩子時，只要碰上記敘文，溫老師就會問孩子：這件事的主角是誰？在哪裡？發生的時間是？主角做了哪些事？事件中還有哪些物品出現呢？

　　人、事、時、地、物是組成記敘文的基本概念，影響孩子的偵測及分類重點能力，只要有「敘述五要素」概念，就能將事情說清楚，記敘文的架構也就成功一半。因此，這個月我們要請孩子使用「敘述五要素」整理故事內容。

配合學習本第40頁

　　請孩子翻開《企鵝熱氣球》與學習本第40頁，邊讀邊找答案，從動物們搭乘熱氣球的順序著手(時)，一一整理出每個動物故事中的人事地物，將答案填入空格中。例如第一個(時)搭乘熱氣球的乘客是「毛毛蟲」(人)，牠搭熱氣球是因為想一探變成蝴蝶後能看到的世界(事)，牠搭著熱氣球飛到了空中(地)，而牠的搭乘門票是楓葉、樟樹葉、榕樹葉(物)。

　　寫完表格後，請孩子試試看在沒有書本的情況下，照著表內的順序，再把故事說一遍。這樣的概念表在整理故事時非常好用，且《企鵝熱氣球》的故事結構正好屬於重複輪迴，適合孩子學習做筆記，而邊讀邊找答案，可以降低孩子的閱讀負擔。

## 一、今天發生什麼事

上述活動結束後，家長也可以將「敘述五要素」的概念延伸至生活，請孩子用自身經歷練習說明一件事，例如：今天在學校發生的「最倒楣的一件事」、「最開心的一件事」、「最感動的一件事」等，這些都是適合親子對話的練習素材。

若要讓孩子練習寫成日記，別忘了運用我們前面提到的「寫作魔法」，例如情緒、性格的描述，綜合起來，就能成為一篇有內容又有溫度的好文章喔！

## 二、扎根人際溝通術

主角企鵝非常有智慧，請其他動物先付門票，卻不說要什麼樣的門票，讓對方必須動動腦，想出最創意的門票。不讓受助者不勞而獲這件事，像不像在提醒我們如何教養孩子呢？

另外，烏龜搭乘熱氣球時，因為忘了帶門票得回家一趟，排在他後面的動物為此等得很不耐煩。為了化解其他動物對烏龜的仇視，企鵝不斷找任務給大家做，在我看來，簡直就是最佳的家庭經營案例！

讀到這裡時，家長不妨讓孩子輪流扮演烏龜、企鵝和其他動物，去感受每一種角色的情緒與立場，並且請他們說出各自的為難與內心話，培養人際溝通能力。

**助人四步驟**

　　企鵝一路上幫助很多小動物達成他們的願望，讓我們來看看他在幫助別人的時候，做了什麼事，也想一想，自己在幫助別人的時候可以怎麼做，才可以既獲得助人的成就感，也讓對方感到快樂。為此，我們從故事中歸納出「助人四步驟」：

1.傾聽對方的需求
2.評估自己的能力
3.付出實際的行動
4.關心對方的滿意度

　　這四個步驟的概念，是希望孩子可以勇敢的向他人伸出援手，但也不讓自己覺得委屈，過程中還能得到成長，優化自己的能力，畢竟教學相長可說是最棒的人際交流了。最後別忘了，檢索並學習企鵝的做法，再落實到自己的身上，讓閱讀成為改變自己的妙方。

配合學習本第41頁

請翻開學習本第41頁，分成三階段進行活動。

第一階段，用助人四步驟分析故事，看看在〈媽媽雲〉這一章中，企鵝是如何幫助小白馬的？我們可以看到企鵝做了這些事：

1. 傾聽對方的需求－企鵝聽小白馬說：「我想到天上去找媽媽。」

2. 評估自己的能力－企鵝對小白馬說：「我可以帶你到天上，但是不保證可以看到你媽媽。」

3. 付出實際的行動－企鵝看了小白馬的門票後，就帶小白馬出發了。

4. 關心對方的滿意度－熱氣球降落後，小白馬向企鵝一鞠躬，踢踢躂躂跑進森林裡。

第二階段，請孩子以企鵝的故事為例，想一想自己過去的經驗，並分享「別人要我幫忙時，我可以怎麼做？」例如：

1. 傾聽對方的需求－我聽媽媽說：「每天做家事真的好累，希望可以好好放鬆一下。」

2. 評估自己的能力－我對媽媽說：「我可以幫忙分擔一些家事，雖然不一定像媽媽做的那麼好。」

3.付出實際的行動—我幫忙整理桌面、拖地、倒垃圾。
4.關心對方的滿意度—媽媽告訴我：「有了妹妹幫忙做家事，感覺輕鬆多了，妳真乖！」

　　第三階段，請家長試著使用我們提供的三個問題，以及四個「觀點句」，引導孩子順利總結自己的心得，串成有觀點的回饋短文，這是高層次的思辨，不容易卻非常重要。結合上述企鵝幫助小白馬、妹妹幫媽媽做家事的例子，我們可以這樣利用觀點句：

　　我認為助人四步驟中，「評估」這一步是最重要的，因為我們不能隨便答應別人自己做不到的事。企鵝在「評估」這一步也做的最好，我相信企鵝是一個不會誇大自己能力的人，牠知道帶小白馬飛上天空，不代表能找到在天堂的媽媽，所以不願意隨便承諾。我的結論是，幫助別人很開心，但要先評估自己的能力，才有機會得到彼此都滿意的結果。

## PART 3 延伸故事來寫作

**我是熱氣球駕駛**

　　這次的PART3活動，我們要邀請前面幾本書的主角出場，請孩子回想這些角色的特色，完成簡單的創意寫作，延伸出屬他們的熱氣球故事。

## 操作小幫手

配合學習本第42頁

　　請翻開學習本第42頁，並搭配附件「人物貼紙」進行活動。

STEP1 我們要讓孩子彩繪屬於自己的熱氣球，並幫它取名。

STEP2 「人物貼紙」包括：傻蛋、白賊七、魔法公主的孫女的孫女的孫女、邢雲飛等四個孩子已經認識過的角色，請孩子從裡面選擇自己喜歡的人物，貼在「遇到誰？」的空格中。

**STEP 3** 從你對這個角色的認識出發，想一想他坐熱氣球的願望是什麼？你能收到什麼樣的門票？你們升空後，會看到哪些特別的風景？他的心情又會是什麼呢？

　　例如賈傻蛋搭上熱氣球的話，他的願望可能是<u>到天上找爸爸、來福和五色鳥</u>，而他的門票可能是<u>一個香屁</u>。坐上熱氣球後，傻蛋在天上看到了<u>變成白雲的爸爸、來福和五色鳥</u>，他們<u>圍著熱氣球繞圈圈</u>，就像在和傻蛋打招呼，傻蛋看見他們<u>開心的手舞足蹈</u>。

note

99

My Reading Box 從讀到寫 溫美玉的12堂讀寫課

# 10

 湖邊故事

## 湖邊故事

文／哲也　圖／黃士銘

　　故事是這樣開始的，小男孩達達要搬家了，離開時沒帶走心愛的小烏龜，也忘了關上水龍頭。沒想到水龍頭細細的水流呀流，成了一條彎曲的小河，匯成一座清澈的小湖。

　　不知過了多久，一對小人兒在湖邊成了家，他們祈求湖神烏龜賜給他們孩子，湖神酒後胡亂預言，唱了一首歌謠，結果七個小娃兒就這麼出生了，小娃兒日漸長大，充滿了好奇心，想搭乘小船去探險，不過一路上似乎沒有這麼的順利。

　　故事中那座平靜湖泊，映照著時空的流轉，訴說湖邊小人兒的歡喜悲傷，也讓整個故事充滿張力，讓人不斷想著那些小人兒，如何在多層風暴的生活圈裡，安全的走向未來。

## 一、七兄弟背景大尋奇

　　讀完《湖邊故事》，不免想到國中時讀的課文〈兒時記趣〉，作者沈復也是帶著我們重回年少，那種事事好奇、五感全開的美好時光，尤其開篇就寫：「余憶童稚時，能張目對日，明察秋毫。見藐小微物，必細察其紋理，故時有物外之趣。」這物外之趣，在《湖邊故事》裡完全能夠體現。除此之外，故事中還帶出親情、友伴及環境惡化等議題的批判思考，溫馨中還有無比雋永的課題，讀來特別深刻動人。

　　故事主角中的七個孩子都很有特色，也是閱讀的重點之一。那麼，我們要怎麼分辨書中角色誰是誰呢？如果孩子能用大地尋寶的概念，慢慢拼湊每個人物背景，必定對理解故事內容非常有幫助。

配合學習本第44-45頁

　　請翻開學習本第44頁至第45頁，並參考附件「溫老師五卡板」的性格種類，完成書中七兄弟的人物名片設計。例如：老大的名字是「噗噗」，湖神說他「天上飛」，他的性格可能是「勇敢」，特點是「膽子很大」，做過最特別的事情是「駕著蒲公英一號起飛」。

　　這樣的尋寶任務很有挑戰，也為孩子將來做筆記打基礎，因為孩子必須慢慢閱讀故事，留心蒐集七兄弟的資料，進行分類整理，才能順利完成題目。

## 二、特殊角色大探索

　　《湖邊故事》中的七兄弟各有所長，其中老四咚咚最讓爸爸媽媽頭疼，但不能否認的是，他真是個發明天才！現在我們就來看看，咚咚到底發明了哪些東西呢？

配合學習本第46頁

　　請翻開學習本第46頁，並回顧故事，找一找咚咚發明過哪些東西？這些東西的外型、功能又是什麼？請孩子們把它們簡單的畫下來，也想想看，這樣的功能，最接近我們現實生活中使用的哪些工具呢？

## PART 2 寫作技巧練習

### 我的觀察日記

　　《湖邊故事》主角們的故事，都發生在一個無人察覺的小湖邊。因此，這次我們要讓孩子嘗試觀察身邊的事物，並將結果記下來。

　　這樣的觀察日記非常實用，特別是在低年級的學習過程中，孩子對外界事物還處在極度好奇的階段，所以時常發問，例如「為什麼天空是藍的？」「為什麼這種樹會開花，那棵樹卻沒有呢？」

　　英國詩人布萊克(William Blake)的名句：「一沙一世界，一花一天堂，無限掌中置，剎那成永恆。」正好符應此書，讓大小讀者知道，如果用心觀察身邊細微的事物，即使是一顆微小的沙粒，也能成為創作的素材，寫作的源頭。

配合學習本第47頁

　　PART2活動非常有趣，是適合親子出遊時進行的正向活動，請家長分成兩個階段完成。

　　第一階段，帶孩子進行「觀察記錄」。請家長找一個公園，讓孩子練習從視覺、聽覺、嗅覺、觸覺觀察周遭事物，並將結果記錄在學習本第47頁。若有需要，也可用對話引導孩子，例如：

家長：你在這裡看到了哪些東西？（看到什麼事物？）

孩子：很多大樹。

家長：這些大樹有什麼特別吸引你的地方嗎？（最吸引你的是？）

孩子：樹上有很多松鼠。

家長：松鼠們都在樹上做什麼呢？（牠們正在做什麼？）

孩子：牠們會在樹上跑來跑去，有些手裡還拿著果子。

　　第二階段，我們要將剛剛的觀察記錄轉換成心得。動筆前，請孩子先參考我們提供的動詞和形容詞表，運用它們組織文章，將剛剛觀察到的事物寫下來。除此之外，「溫老師五卡板」也可以派上用場喔！

　　例如孩子對公園樹上的松鼠很有興趣，就可以利用我們提供的動詞和形容詞，將「視覺」觀察結果寫成小短文：

　　「我在公園看到幾棵老榕樹，它們隨風搖擺，像在和我打招呼。我一『抬頭』就看見兩隻小松鼠在樹上玩躲貓貓，手裡還拿著『新鮮的』果子；我很欣賞牠們『神奇的』爬樹技巧，『期待』能有機會跟牠們一起玩。」

　　這段描述一共用了動詞「抬頭」，形容詞「新鮮的」、「神奇的」，還有溫老師五卡板的情緒語詞「期待」，有了這些語詞協助，整個段落不僅畫面豐富有層次，內容也很精采。當然，這些動詞、形容詞都是可以替換的。

　　替換方法1：從《湖邊故事》裡尋找，畢竟書中除了精采的故事之外，作家精湛的語詞調度與運用功力，也很值得孩子學習，以第5頁為例，內文就有形容詞「涼涼的」、「香香的」，動詞「離開」、「拉開」。

　　替換方法2：從國語課本的文章中尋找，這不僅是複習，也是將這些學過的語詞真正活用喔！

**文具總動員**

　　還記得皮克斯動畫《玩具總動員》嗎？以玩具為故事主角，不只貼近孩子的生活，更為孩子的日常注入無限想像。因此PRAT3，我們要讓小讀者發揮創意，從生活中必備的「文具」出發，想想看，每當夜晚來臨，書包裡的文具都動了起來，它們會聊些什麼呢？

**操作小幫手**

**配合學習本第48頁**

　　請翻開學習本第48頁，並搭配附件「文具角色貼紙」進行此次的創意寫作活動。步驟如下：

**STEP1** 我們要讓孩子嘗試自己塑造角色，從「文具角色貼紙」中提供的鉛筆、自動鉛筆、橡皮擦三個角色出發，想一想，他們各有什麼樣的性格特色？就像《湖邊故事》的作者創造了許多角色，且每個角色都有鮮明的性格特色一樣，請孩子也為這些文具設定自己的角色性格。如：

「✏️鉛筆／性格自卑」、「✒️自動鉛筆／性格驕傲」、
「◾橡皮擦／性格體貼」

**STEP 2** 確定了文具的性格後，請孩子發揮創意，想想看
當這些文具聚集在一起時會聊些什麼？說話的口吻又
是如何？是抱怨還是感恩？是吐槽大會還是比賽誰最
厲害？例如：

✏️：自從自動鉛筆來了之後，主人就沒有再看過我
了。

✒️：這也是沒辦法的事，我使用起來就是比較方便，
還不需要花時間削。

◾：自動鉛筆你不能這樣和鉛筆說話，再怎麼說鉛筆
也算是你的長輩。

✏️：就是呀，科技日新月異，或許未來某一天，自動
鉛筆也會被取代，到時你就驕傲不起來了。

✒️：這麼說也是，鉛筆請原諒我剛剛的無理。

　　透過這樣的練習，孩子不只能學會用對話推進故
事，更學到怎麼形塑角色的性格，這些都是讓文章變
得更精采的重要訣竅唷！

# 11

小兒子 1

# 爸爸是
# 夜晚暴食龍

## 爸爸是夜晚暴食龍

《爸爸是夜晚暴食龍》透過阿甯咕與爸爸的幽默對話，讓爸爸的角色變得立體且生動，展現現代父親的樣貌，擺脫「嚴父」的刻板印象，也許作者心底想說的是：「父親雖偶有嚴厲的教導，但爸爸不是神，所以也會為面子而耍賴或唬爛。」例如故事中，爸爸會記錯垃圾車來的日子，會為了不被媽媽叨念，請孩子替他保守小祕密等。

文／王文華　圖／李小逸

除了爸爸和阿甯咕兩位主角之外，還有害羞正經的大兒子阿白，以及樂觀幽默的媽媽，再加上一隻溫柔又忠誠的寵物狗，交織出逗人會心一笑的幸福家庭樣貌。更棒的是，改寫者王文華老師不忘在每篇故事末，透過阿甯咕的視角寫「我的爸爸」週記，加上爸爸媽媽的幽默批改，是最佳的寫作示範，也是家人心靈最緊密的連接方式。

## PART 1 閱讀策略讀故事

### 一、分析「爸爸的不完美事件」

在許多孩子心中，爸媽都是完美的，但透過這本書我們發現，原來父母和孩子也可以有另一種詼諧的親子關係。這次我們要來看看，對於一個真實而不刻意遮掩的爸爸，作者要如何讓低年級孩子讀懂他想傳達的寓意呢？

首先，這是親子相處的生活議題，不似童話故事般天馬行空，作者的幽默層次未必能在第一時間傳達給低年級的孩子，更現實的問題是，孩子的語文理解能力不見得能讀懂這樣的「弦外之音」。還好我們可以透過親子共讀，讓孩子有機會一步步接近原典，讀懂作者想要傳遞的想法。

為了之後和孩子討論更深刻的議題，我們必須先設法讓孩子理解故事內容。過去幾個月來，我們不斷練習整理故事事件，主要是為了強化孩子梳理故事脈絡以及抓重點的能力，如此一來，不只可以聚焦討論議題，也對未來整理筆記有所幫助。

配合學習本第50頁

　　請翻開學習本第50頁，參考PART1表格上的事件順序回到書中，找出爸爸在每個章節發生的不完美事件，並完成該欄位的填空。例如〈爸爸的偉大發明〉這一章，爸爸的不完美事件是「用兔兔使喚小孩」。

**二、情緒性格比一比**

　　接著，拿出「溫老師五卡板」，針對爸爸的不完美事件想一想，阿甯咕在面對這些事情時，他的情緒感受是什麼？爸爸在這個時候，展現的性格又是什麼呢？這時，孩子不僅要回到故事去認真推敲阿甯咕的反應，還要想想自己怎麼看待這件事，開始走向推論思考的部分。

　　推論主要是檢視孩子對文本的理解，以及文本對自己的影響，這些都是我們閱讀時最基本的思辨能力，沒有對錯，就是不斷回過頭看看自己的想法，並且大聲的表達與交流。

　　正因為沒有對錯，所以家長也無須用成人的價值觀去批判孩子的答案，當我們覺得驚愕或是不解時，你可以停下來問問自己：「我為什麼不能接受這樣的答案？當下的感受是受傷還是恐懼呢？為什麼會有這樣的感受？」甚至，你也可以跟孩子坦承：「我沒有想過你會這樣思考，不過，沒關係，這是你的感受或定義，我可以尊重呵！」

**操作小幫手**

**配合學習本第50頁**

　　請翻開學習本第50頁，搭配附件「溫老師五卡板」完成PART1表格。首先，請孩子換位思考，想想「阿甯咕的感受」，接著，再從這些不完美事件判斷「爸爸的性格」可能為何？

# PART 2 寫作技巧練習

**性格特質翻翻牌**

　　經過PART1的分析，我們可以看到爸爸似乎有很多不完美的地方，然而，這些缺點有沒有可能也是另一種優點呢？ 為了讓孩子明白世界上沒有絕對的好與壞，再糟糕的事情，我們都能用正面的視角重新看待，PAR2的活動請家長跟孩子一起幫阿甯咕的爸爸平反吧！

**操作小幫手**

**配合學習本第51頁**

　　請翻開學習本第51頁，搭配附件的「性格特質翻翻牌」。「性格特質翻翻牌」的紅色面是「缺點」，藍色面則是「優點」。這是很有趣的卡片，也很考驗我們的認知，因為我們總是容易看到他人的缺點，很難想像缺點背後的優點到底是什麼。活動步驟如下：

**STEP 1** 請孩子從性格特質卡的紅色面中，找出阿甯咕爸爸可能有的不完美性格，排在PART2表格中「爸爸的缺點」欄內。

**STEP 2** 呈上題，在「不完美事件」欄位中，寫出是什麼

原因讓你認為阿甯咕的爸爸有這樣的性格。

STEP3 將卡片翻到藍色面，看看這個不完美性格翻轉後會變成哪一種優點性格。

STEP4 最後請孩子將阿甯咕爸爸的優缺點寫下，並運用我們提供的觀點句發表評論。

　　例如阿甯咕的爸爸會打電話跟奶奶撒嬌，說要吃紅燒茄子，此時爸爸的性格特質可能會被認為是「依賴別人」，但翻轉後，這個性格的另一面其實是「非常體貼」，爸爸或許是知道奶奶會想他，才這麼做的。這時，我們可以選用觀點句中的「我相信…」，寫出一段完整的評論：

　　爸爸有時就像個大小孩一樣，還會依賴奶奶，跟奶奶撒嬌。但我相信他是個非常體貼的人，因為知道奶奶想他，才會打電話和奶奶撒嬌的。

**獨一無二的爸爸**

關聯句型中的「轉折句型」非常適合用在這本書的延伸寫作，因為爸爸的獨特，值得我們把這些句型用來描述、轉化他的作為。例如：我的爸爸「雖然」知道要定時倒垃圾，「卻」常常記錯垃圾車的時間，害我們白下樓一趟。「不過」，我其實很喜歡跟爸爸一起衝下樓的感覺，因為他都會說：「超人，快啊！敵人就在眼前，讓我們去消滅它吧！」那時候，我就會覺得自己真的是超人！

現在要邀請孩子一起練習「轉折句」，為爸爸的各種行為找一個溫暖的台階，或者真的就是我們誤解爸爸，現在正好從另一個角度為他平反啦！

這樣的主題很有趣，也很有愛，這不只是一種性格思辨的訓練，也是我們正式把爸爸拉進教養圈的絕佳時機唷！

配合學習本第52頁

　　請翻開學習本第52頁，運用「性格特質翻翻牌」和轉折句型，以「獨一無二的爸爸」為主題進行寫作。以「做事衝動」的性格特質卡為例，不完美事件可能是：

　　我的爸爸是個很衝動的人，在路上看到有人闖紅燈，爸爸就會搖下車窗，對他們喊：「請遵守交通規則，好嗎？」我常會擔心如果爸爸和那些人發生衝突怎麼辦？

　　接著，我們將卡牌翻至藍色面，會發現「做事衝動」對應的優點是「有正義感」，我們可以選擇轉折句「可是...」進行優點事件寫作，如：

　　可是，我也知道就是要有像爸爸這樣有正義感的人，才會讓壞人不敢做壞事。

My Reading Box 從讀到寫 溫美玉的12堂讀寫課

# 12

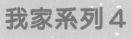

我家蓋了
新房子

文·圖／童嘉

## 我家蓋了新房子

　　現今3C發達，家長兒時經歷過的童年野趣，彷彿成了遙不可及的夢想。那麼，我們可以做些什麼，讓孩子也擁有這樣的美好生活呢？

　　「我家系列」是童嘉老師的自傳故事，每一本都來自作者幼時的自然觀察與自身經驗，內容雖然沒有高潮起伏的情節，但溫馨可人的故事卻能讓親子徜徉在大自然的遊樂園中，提醒我們珍視生活周遭的人與事。其中，《我家蓋了新房子》描述作者「童年搬家」和「全家蓋房子」的特殊經驗，帶著孩子跟著她一起蓋房子，過程帶來的喜悅和感動，也成為值得孩子學習的典範。

## PART 1 閱讀策略讀故事

### 語詞大尋奇

　　《我家蓋了新房子》是一本值得賞析的書籍，孩子不僅能從中認識到許多實用的語詞，和帶有說明性的寫作手法，更會意識到原

來自己的日常生活就是寫作的好素材。 其中，認識故事中的語詞，可以促進孩子的閱讀理解能力，因此，此次的我們特意提取出故事中的語詞，讓孩子能重新偵測、配對。

## 操作小幫手

### 配合學習本第54-55頁

　　請翻開學習本第54-55頁，先讀一讀54頁中「故事內文摘錄」上的句子，這些句子都至少包含一種名詞、形容詞或動詞，請家長協助孩子動動腦進行兩種分類活動：

1.**物件分類**：根據學習本第55頁上方的簡便屋、桌子、床、窗簾圖片分類，把句中含有該元素的選項填入相應的括號。例如選項B、C、M中包含了「簡便屋」，因此將B、C、M填入簡便屋下方的空格中。

2.**詞性分類**：句中粉紅色的語詞為名詞，藍色為形容詞，橘色為動詞，請孩子將已被標註好詞性的語詞，填入「語詞百寶箱」的空格中。例如：「自製的」是形容詞，「建造」是動詞，「牆面」是名詞。

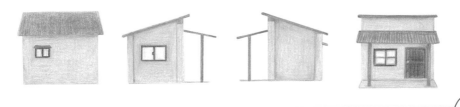

結束上述的活動後，家長也可以透過「抽抽樂」的遊戲方式，帶孩子利用語詞練習造句。請家長把這些語詞個別寫在白紙上，對折後按詞性投入三種不同的紙盒，並讓孩子在三個紙盒中各抽取一張字條，例如抽到的是「自製的」、「建造」、「牆面」時，就可以造句：「我家所有的『牆面』，都是我們用『自製的』環保建材精心『建造』的。」

**用關聯句型寫細節**

　　PART2將《我家蓋了新房子》的情節列成表單，請孩子跟著故事主角一起，回味那些年搬家、蓋小屋、妝點新房子的過程吧！這個活動不僅要讓孩子再次複習故事，更要讓孩子觀察作者是如何將關聯句型運用在文章中。

## 操作小幫手

配合學習本第56頁

　　請翻開學習本第56頁，對照右上方「關聯句型」中的選項，試著完成故事內文的關聯句型填空。例如：

　　客廳<u>也是</u>我們的遊戲間，<u>有</u>自製的玩具<u>和</u>從舊書攤買回來的書。

## PART 3 延伸故事來寫作

### 夢想中的房子

　　根據溫老師多年的教學經驗，每每提到「夢想中的房子」，不管用哪一種任務或媒材表現，孩子通常都非常感興趣，再加上童嘉老師的故事引導，孩子可能也會覺得，蓋房子真是有趣又有成就感啊！

　　當然，要真正蓋好一棟房子不是件簡單的事，但如果能用紙箱、黏土或者更多手邊就能取得的材料進行拼貼製作，相信這些過程也能大大滿足孩子的好奇。更甚者，等孩子稍大，也能查看坊間各種單位主辦的建築營隊，讓孩子體驗真實的建築之旅。

　　不過在動手做之前，我們還是要先回到閱讀寫作的語文世界，PART3邀請孩子畫出自己夢想中的房子，並寫對它的想望，作為另一種文學建築的滿足。

　　這是一堂非常有趣的閱讀寫作課程，如果孩子還無法獨立寫作，期盼家長給予更多的耐心和陪伴，更多的是培養孩子更多建築素養，不要急著一時的文字輸出，那麼，有一天孩子會有更寬廣的視野，更宏觀的文字表現。

配合學習本第57頁

　　請翻開學習本第57頁，首先，讓孩子發揮創意，畫出自己夢想中的房子，並就自己繪製的圖像，從以下幾個方向進行思考和寫作：

1.為什麼想創作一間自己夢想中的房子？是受到哪些事物或書籍、人物影響的呢？請舉例說明。

2.根據學習單PART3提供的「寫作提問」重點，寫出這間房子的外觀及功能。

3.在寫作時，至少使用6個PART1語詞百寶箱中的語詞，以及4個PART2學過的關聯句型。例如：

　　我夢想中的房子，它蓋在海的中央，造型就像夢幻的城堡，想去的話，除了可以搭乘專用潛艇之外，也可以走海底密道前往。

　　這間房子在建造時，因為使用了許多高科技的材料，可以永久泡在海中不怕漏水。不只是這樣，屋內還有許多華麗又新穎的裝飾。進了大門，大家會先看到水晶打造的大廳，再經過全透明的海底隧道，最後會看到一整排的豪華的客房。

　　在這間城堡裡，有吃不完的點心，大家可以一邊玩耍，一邊享用美食，住在這裡絕對是最幸福的！

上述文中使用

| 名　詞 | 造型、材料、裝飾 |
|---|---|
| 動　詞 | 建造 |
| 形 容 詞 | 夢幻的、新穎的 |
| 關聯句型 | 除了...可以、因為...可以、不只是這樣...、先...再...最後、一邊...一邊... |

4.寫完後，念給家人聽，向他們介紹你的夢想房子。

| 主題 | 難易 | 編號/書名 | PART1 閱讀策略讀故事 | PART2 思辨評論寫心得 | PART3 延伸故事來寫作 | 讀寫附件 | 寫作題目延伸 |
|---|---|---|---|---|---|---|---|
| 經典故事 | ★ | 1. 一個傻蛋賣香屁 | 故事六要素初階摘要概覽 | 傻蛋的成功哲學 | 用鷹架整理故事探討傻蛋必勝絕招 | 1.溫老師五卡板 2.必勝貼紙 | • 我最喜歡的一本書 • 假如我有超能力... • 聽爸爸說故事 • 一個人在家 • OO的自述 • 寫給OO的一封信 |
| | ★★ | 2. 狐狸金杯 | 故事六要素中階摘要配對 | 打破對鬼怪迷思 | 主題寫作展創意我的奇幻樂園 | 溫老師五卡板 | |
| | ★★ | 3. 機智白賊闖通關 | 故事六要素進階摘要填空 | 機智白賊比一比 | 故事結局換我寫白賊七故事接寫 | 故事六要素貼紙 | |
| | ★★ | 4. 出雲石 | 故事情節面面觀事件整理 | 探討惜物行為 | 故事視角換一換出雲石的自述 | 1.分合貼紙 2.分合事件貼紙 | |

| 主題 | 難易 | 編號/書名 | PART1 閱讀策略讀故事 | PART2 寫作技巧練習 | PART3 延伸故事來寫作 | 讀寫附件 | 寫作題目延伸 |
|---|---|---|---|---|---|---|---|
| 冒險遊記 | ★★ | 5. 翼菜大冒險 | 作者技巧賞析劇本式精采對話 | 辨別敘述五要素 | 市場走讀觀察描寫熱鬧場景 | 1.角色貼紙1 2.敘述五要素貼紙 | • 我的快樂時光 • 陪家人散步 • 我的假日生活 • 校園裡的大冒險 • 最特別的一次經驗 • 放學途中 |
| | ★ | 6. 晒衣服大冒險 | 作者技巧賞析魔幻情節更添色 | 轉換真實與魔幻情節 | 魔幻情節發想放學途中的冒險 | 狀況事件卡 | |
| | ★★ | 7. 尋找魔力晶暴獸 | 作者技巧賞析寫誇帶動故事轉折 | 考驗事件改寫 | 打敗日記流水帳加入考驗更精采 | 1.考驗貼紙 2.溫老師五卡板 | |
| | ★★ | 8. 歡迎光臨餓蘑島 | 作者技巧賞析角色設定與辨認 | 邁向獨立三部曲 | 試寫學習日記學習歷程分享 | 角色貼紙2、3 | |

| 主題 | 難易 | 編號/書名 | PART1 閱讀策略讀故事 | PART2 寫作技巧練習 | PART3 延伸故事來寫作 | 讀寫附件 | 學校延伸作文題目 |
|---|---|---|---|---|---|---|---|
| 生活記事 | ★ | 9. 企鵝熱氣球 | 故事整理策略敘述五要素偵測 | 活用助人四步驟 | 過往角色客串延伸熱氣球故事 | 人物貼紙 | • 我的爸爸 • 我的媽媽 • 我的家人 • 我的祕密基地 • 我最喜歡去的地方 • 校園裡的大冒險 |
| | ★★ | 10. 湖邊故事 | 故事整理策略七兄弟背景尋奇 | 五感觀察記錄 | 角色性格塑造文具間的對話練習 | 1.溫老師五卡板 2.文具角色貼紙 | |
| | ★★ | 11. 爸爸是夜晚暴食龍 | 故事整理策略不完美事件分析 | 人物性格特質翻轉 | 我的爸爸寫一寫活用轉折句型寫作 | 性格特質翻翻牌 | |
| | ★★★ | 12. 我家蓋了新房子 | 故事整理策略歸類語詞百寶箱 | 觀察內文關聯句型 | 融合語詞與關聯句寫一寫夢想的房子 | ✕ | |